# HOE OM IN EIENDOM TE BELEË? 'N ABSOLUTE GIDS OM JOU REIT-RYKDOM TE BESTUUR

2

# Vrolik

3

## VIR

## Eiendomsbeleggingsdefinisie

Deur vaste eiendom as 'n beleggingsvoertuig te gebruik, bevoordeel eiendomsbelegging op baie maniere. Eenvoudige metodes om dit te bereik, sluit in die besit van vaste eiendom, die generering van kontantvloei uit huurinkomste en die verkoop van die besigheid vir ekstra geld as gevolg van waardering in waarde.

As dit reg gedoen word, het eiendomsbeleggings die potensiaal om beter as die aandelemark te presteer en rykdom te skep wat geslagte lank sal hou. Daar is vier hoof maniere om geld uit vaste eiendom te maak. Dit sluit dividende van ekwiteitsbelange in Eiendomsbeleggingstrusts (REITs), huurinkomste, kapitaalwins, inkrementele kapitaalwins, ens.

• Eiendomsbeleggers gebruik 'n verskeidenheid strategieë om geld uit eiendomsbeleggings te maak.

• Voorbeelde van eiendomsbeleggings sluit in huisverkope, huur, REIT-aandelebesit, sekondêre inkomste, internet-eiendomsplatforms, ens.

• Eiendom kan generasies lank welvaart skep, hoewel dit moeilik is om die ware historiese gemiddelde opbrengste vir eiendomsbeleggers te skat.

• Belegging in vaste eiendom bied baie voordele, insluitend passiewe huurinkomste, eiendomswaardasie, beleggingshefboom en gunstige belastingbehandeling.

## Waarom in vaste eiendom belê?

Die redes om in vaste eiendom te belê

Belegging in vaste eiendom kan moontlik baie geld in jou bankrekening plaas, maar dit hou ook potensiële risiko's in en vereis noukeurige oorweging. Dit is van die hoofredes om in vaste eiendom te belê. (Hou in gedagte dat nóg waardering nóg kontantvloei seker is. Om jou kanse op wen te verhoog, doen navorsing oor huise en gemeenskappe.)

### gewone geld

Om 'n huis te besit kan jou maandelikse inkomste verhoog. As jy 'n huis of besigheidsperseel koop, kan jy jou spasie aan huurders verhuur. Jy sal jou maandelikse huurbetalings per pos ontvang. Maar wees gewaarsku: Jy moet jou salaristjeks nagaan as jy die risiko wil verminder dat jou huurders huur betaal.

**groot opbrengs**

As jou eiendom mettertyd in waarde toeneem, kan jy dit vir 'n aansienlike wins verkoop. Hou egter in gedagte dat aanvaarding nie 'n gegewe is nie. Om sulke hoë opbrengste te behaal, moet jy in die regte soort eiendom belê.

**. langtermyn stabiliteit**

Aangesien eiendom 'n langtermynbelegging is, kan jy dit vir 'n paar jaar hou totdat die waarde toeneem. Deur jou huis uit te verhuur, kan jy maandelikse inkomste verdien terwyl jy wag vir die waarde om te styg.

## diversifikasie

Die finansiële diversifikasie word versterk deur die insluiting van vaste eiendom, wat help om dit teen markskommelings te beskerm. Gestel sommige aandele word deur 'n ekonomiese afswaai getref. Die waarde van jou eiendomsbeleggingsportefeulje kan toeneem en jou teen verliese op jou ander bates beskerm.

## finansiële beroep

As jy in vaste eiendom belê, het jy waarskynlik nie die geld om 'n huis te koop nie. As u in ag neem dat u 'n enkelhuis wil huur, kan die prys tot $200 000 styg. Hefboom speel hier 'n rol. Eiendomshefboom is die aankoop van vaste eiendom met iemand anders se geld. In hierdie scenario leen jy geld by 'n bank, verbandmaatskappy of krediet-unie en betaal dit mettertyd terug. Op hierdie manier kan jy die aantal eiendomme vermeerder sonder om die volle prys te betaal.

## deflasionêre voorkoming

Eiendomsbeleggings word as 'n verskansing teen inflasie beskou. Huur en eiendomspryse styg oor die algemeen namate besteding aan goedere en dienste toeneem. Gevolglik kan eiendomsbeleggings jou toenemende maandelikse inkomste en kapitaalwins gee wat help om jou finansies te beskerm namate die koste van alles anders styg.

## Vermoë om kapitaal in te samel

Die verhoging van jou kontantvloei, ook bekend as konstruksiekapitaal, is een van die hoofdoelwitte van eiendomsbeleggings. Wanneer jy 'n eiendom verkoop wat in waarde toegeneem het, neem jou netto waarde toe. Die truuk is duidelik om die regte beleggings te maak in eiendomme wat in waarde toeneem.

### beheer en tevredenheid

Die besit van beleggingseiendomme het bykomende nie-finansiële voordele. Baie beleggers baat daarby om hul eie baas te wees, wat moontlik is wanneer hulle beleggingseiendomme besit. Ander maniere om jou gemeenskap te verbeter, sluit in om huureiendomme aan te bied of besighede te lok na kommersiële liggings wat broodnodige dienste aan omliggende gebiede verskaf.

Die drie hoofkategorieë van vaste eiendom is:

1.     Residensieel: Geboue met een tot vier woonstelle. Familiebeleggers kies hierdie tipe eiendomsbelegging omdat dit die mees gereguleerde en die gewildste is.

2.     Kommersiële Eiendom: Hierdie breë klassifikasie sluit kantore, kleinhandel, nywerheid, multi-familie (5+ eenhede) en ander tipes kommersiële eiendom in.

3.     Grond – Of dit nou heeltemal leegstaan, gedeeltelik gebou of vir landbou gebruik word, grond kan 'n baie aantreklike belegging wees, maar dit het sy eie kenmerke en vereis 'n spesiale begrip.

**Elke SLIM belegger moet eiendomsdoelwitte stel.**

**Wat is die SMART-doelwitte in vaste eiendom?**

Het jy geweet dat maatskappye met duidelik gedefinieerde doelwitte tien keer meer suksesvol is as maatskappye sonder? Volgens 'n onlangse Harvard Business University-studie stel 83% van mense nie doelwitte nie, en van diegene wat dit wel doen, versuim 92% om dit te bereik. Eerstens, hoekom stel so min mense doelwitte? Tweedens, hoekom bereik die suksesvolste mense nie hierdie doelwitte nie? Die antwoord is eenvoudig: die meeste mense stel nie redelike doelwitte nie.

- Spesifiek

- Meetbaar

- Toeganklik

- Belangrik

- in tyd beperk

Jy kan die akroniem SMART gebruik om die doelwitstellingsproses vir jou eiendomsbesigheid te lei.

- Besigheidsdoelwitte: 'n Organisasie kan doelwitte hê wat wissel van loodgenerering tot werknemergroei. Byvoorbeeld, 'n besigheidsdoelwit kan wees om jou sosiale media-volgelinge met 10% in die volgende ses maande te verhoog. Betaalde webadvertensies en mond tot mond kan hiervoor gebruik word. As 'n besigheidsdoelwit vir beleggingsaktiwiteite kan drie groothandelkontrakte in een jaar voltooi word. Jou maatskappy sal presies bepaal waar om te begin.

• Om persoonlike doelwitte te stel is 'n goeie manier om te verseker dat jou groei ooreenstem met dié van jou beleggingsmaatskappy. Persoonlike doelwitte is dikwels die lees van 'n boek per maand vir 'n jaar of luister na 'n beleggingspodcast per week. Persoonlike doelwitte kan jou help om nuwe verhoudings te bou, jou daaglikse verantwoordelikhede uit te brei en jou vaardighede te ontwikkel.

• Gesinsdoelwitte: Om tyd te maak vir familie of vriende is belangrik aangesien beleggers fokus op SLIM doelwitte vir hul professionele en persoonlike ontwikkeling. 'n Goeie voorbeeld van 'n gesinsdoelwit is om elke week 'n foonvrye dag te stel om meer tyd saam met geliefdes deur te bring. Net so kan baie beleggers kies om 'n vakansie te neem of 'n gesinsreis te beplan. Hou in gedagte dat hierdie doelwitte noodsaaklik kan wees om balans te bevorder in die bou van 'n suksesvolle eiendomsbesigheid.

**Hoe maak jy wyse eiendomsbeleggings?**

- kommersiële tegnieke
- Maak reg en keer terug. Om huise te vind wat herstel benodig, die nodige herstelwerk te doen en dit

teen hoë pryse te herverkoop vir 'n wins staan bekend as die "regmaak en omdraai"-metode.

- Dit sluit in groothandel, diefstal, dan huur, dan huur, BRRRR-beleggings, korttermynhuurkontrakte, langtermynhuurkontrakte en huidige behuising: huurkategorie.

## Watter eiendomstaktiek is die winsgewendste?

## Erkenning

Eiendomswaardasie, 'n toename in eiendomswaarde wat in ag geneem word wanneer dit verkoop word, is die bedryf se mees algemene metode om geld te maak. Die belangrikste faktore wat die waarde van residensiële en kommersiële eiendom beïnvloed, is ligging, ontwikkeling en waardasie.

## Hoe om risikotoleransie te assesseer?

Beleggers word dikwels ondervra om hul risikotoleransie te bepaal. Dit kan die beoordeling van jou tydhorison, beskikbare hulpbronne en inkomstebehoeftes insluit, sowel as jou gemaksvlak met voortgesette markonbestendigheid en die behoud van jou beleggings tydens 'n markafswaai.

## Wat beteken risikotoleransie vir vaste eiendom?

Die vlak of tipe risiko wat 'n belegger gewillig of in staat is om te aanvaar. Eiendomsaankope kan byvoorbeeld redelik winsgewend wees. Die eiendom kan verbeter word deur 'n belegger wat dit vir baie meer geld kan herverkoop.

## Hoe om risiko's in die eiendomsektor te ontleed?

Die betrokke risiko's wissel na gelang van die besonderhede van die projek en die betrokke eiendom. Eiendomsrisiko-analise kan uitgevoer word met behulp van verskeie tegnieke soos gelykbreek-analise, kwantitatiewe analise en finansiële verhouding-analise.

## Ken jy die eiendomsmark goed?

- Eiendomsmarkontleding: 6 stappe in detail
- Ondersoek die struktuur en kwaliteit van die gemeenskap.
- Kry aanslae van plaaslike vaste eiendom.

- Kies vergelykende waardes vir jou eiendomsmarknavorsing.
- Vind die gemiddelde lysprys vir soortgelyke huise.
- Pas jou maatstawwe aan om jou markanalise te verfyn.

## Watter aspek van 'n huis is die belangrikste?

Die belangrikste oorwegings wanneer jy in vaste eiendom belê

Die "ligging, ligging, ligging" stelreël geld steeds en bly die belangrikste element van 'n suksesvolle eiendomsbelegging.

## Hoe om 'n studie van die plaaslike eiendomsmark te doen?

Hoe om 'n eiendomsmarkanalise te doen

- Stap 1: Kies 'n spesifieke woonbuurt of ligging.
- Stap 2: Doen navorsing oor jou teenstanders.
- Stap 3: Vind die woonbuurte wat jy wil hê.
- Stap 4: Gaan die fisiese aspekte van die area of eiendom na.
- Stap 5: Evalueer die ossilloskoop se werkverrigting.

## Hoe lyk die plaaslike eiendomsmarktoestande?

Kortom, wanneer daar meer huise te koop is as potensiële kopers, daal huispryse. Wanneer minder huise beskikbaar is as potensiële kopers, styg eiendomspryse. As daar amper soveel huise te koop is as wat daar kopers is, is die mark gebalanseerd.

Hoe om 'n buurtmark te evalueer?

'n In-diepte bemarkingsnavorsing behoort die volgende vrae te beantwoord:

Wie is my potensiële kliënte?

Wat is die koopgedrag van my kliënte?

Hoe groot is my teikengehoor?

Watter prysklas sal klante vir my aanbod aanvaar?

**Wie is my vernaamste mededingers?**

Wat is die voor- en nadele van my mededingers?

## Finansieringsopsies vir 'n eiendomsbelegging

Die geld word gebruik om jou huis te finansier.

Die eerste opsie is om die volle koste van die eiendom in kontant te betaal. Om dit te bereik, moet jy natuurlik die nodige toerusting hê. Voordele: Omdat die verkoper hom nie vooraf oor volle finansiering hoef te bekommer nie, verhoog jou kanse op 'n suksesvolle huiskoop. In ruil vir die gerief wat kontant bied, kan kontant vaste eiendom teen aansienlike afslag koop. Kliënte wat kontant betaal vermy ook die hoë rentekoerse wat met konvensionele lenings, tyddeposito's of persoonlike lenings geassosieer word.

Nadele: In hierdie situasie is die risiko/beloning-verhouding belangrik. Kontantbetalings is veiliger en meer konserwatief, maar daar is 'n beperking op hoeveel jy kan verdien. Dink so daaraan: As jy $250,000 in kontant spandeer en die eiendom vir $2,000 per maand huur, sal jy $24,000 in bruto verkope per jaar kry, of 'n bruto ROI van 9,6%. Alternatiewelik, as jy $50 000 deponeer en 'n 30-jaarlening teen 5% aangaan, sal jou maandelikse hoof- en rentebetaling $977 wees.

**Jy kan 'n persoonlike lener huur om jou eiendom te finansier.**

Uitleners wat onafhanklik van finansiële instellings funksioneer, word na verwys as natuurlike persone. Deur te leen aan mense wat die waarde van hul beleggingseiendomme verhoog, maak hulle dikwels wins.

Pro: In vergelyking met gevestigde instellings, is private uitleners dikwels baie meer buigsaam oor aan wie hulle geld leen en hoe vinnig hulle dit kan leen. Hulle kan op baie maniere baat vind as hulle dink jy is 'n goeie belegging. Dit kan wonderlik wees as jy nie by die standaard verbandprofiel pas nie (byvoorbeeld as jou krediettelling laag is).

Vastetermynlenings kan gebruik word om jou eiendom te finansier.

Sommige leners hanteer private leners op hierdie manier. Dit word 'n "sterk lening" genoem omdat dit gerugsteun word deur tasbare bates, in hierdie geval vaste eiendom. Hierdie lening is 'n tipe tussentydse lening, 'n korttermynooreenkoms wat geld verskaf totdat die huis verkoop kan word of 'n meer betroubare bron van finansiering gevind word.

## Kry standaard bankfinansiering vir jou huis.

Dit is die mees algemene vorm van finansiering. In hierdie geval gee 'n finansiële instelling geld aan die lener op grond van sy kredietgeskiedenis en sy vermoë om die lening terug te betaal.

Voordele: Alhoewel rentekoerse op huislenings hoër is as op eerstekoshuisverbande, lei die gebruik van hierdie opsie dikwels tot laer rentekoerse as om 'n private lener te gebruik. Soos hierbo genoem, kan finansiering deur 'n bank ook jou potensiële opbrengs maksimeer op grond van die hoeveelheid geld wat beskikbaar is vir 'n voorskot.

Nadele: Risiko is een van die potensiële probleme. Om 'n verband te betaal terwyl 'n huureiendom leeg is, kan jou inkomste aansienlik verminder. Leners kan slegs 'n beperkte aantal tradisionele verbande op 'n slag oop hê, en banke het baie strenger kredietkriteria en 'n baie langer goedkeuringsproses as private leners.

## Bewys dat jy 'n beleggingseiendom moet koop

**Jy is finansieel in goeie toestand.** Veral as jy die eiendom aan huurders wil verhuur, vereis eiendomsbeleggings 'n veel groter mate van finansiële stabiliteit as private huise. Vir beleggingseiendomme vereis die meeste verbandleners dat leners 'n afbetaling van minstens 15% van die koopprys moet maak. Dit is egter gewoonlik nie nodig wanneer jy jou eerste huis koop nie. Verskeie state vereis ook dat eienaars van beleggingseiendom goedkeuring van hul huisinspekteur moet kry voordat hulle hul eiendom verhuur, sowel as 'n hoër afbetaling.

Maak seker dat jy genoeg geld in jou begroting het om die aanvanklike koste van 'n eiendomsaankoop te dek (bv. afbetaling, inspeksiefooie en sluitingskoste), sowel as deurlopende onderhoud- en herstelkoste. As 'n huiseienaar of huureiendomseienaar moet jy die nodige herstelwerk vinnig maak, wat duur noodherstelwerk aan jou loodgieterswerk en verwarmingstelsels kan verg. Op baie plekke het huurders die reg om huurbetalings te weerhou as foutiewe nutsdienste nie vinnig reggestel word nie.

**Daar is 'n opbrengs op belegging, of kortweg ROI.**

Eiendomsbeleggers sien dikwels positiewe kontantvloei uit hul beleggings in die huidige mark, maar die beste beleggers bereken die verwagte opbrengs op belegging (ROI) voordat hulle 'n aankoop doen. Volg hierdie stappe om jou ROI op potensiële eiendomsbeleggings te bereken.

Bepaal jou jaarlikse huurinkomste. Soek soortgelyke huureiendomme. Vermenigvuldig die tipiese maandelikse huur vir die tipe eiendom waarin jy belangstel met 12 om die koste per jaar te kry.

Vind uit wat jou netto besigheidsinkomste is. Nadat u u potensiële jaarlikse huurinkomste bereken het, bepaal u netto besigheidsinkomste. Jou netto bedryfsinkomste is die beraamde jaarlikse huur minus bedryfsuitgawes. Al jou bedryfskoste is by jou jaarlikse eiendomsonderhoudskoste ingesluit. Die koste sluit siviele heffings, versekering en eiendomsbelasting in. Sluit verband of rente uit wanneer netto bedryfsuitgawes bepaal word. Trek jou bedryfsuitgawes van jou geprojekteerde jaarlikse huur af om jou netto bedryfsinkomste te kry.

Ontleed jou opbrengs op belegging. Trek jou netto besigheidsinkomste van jou totale verband af om jou totale opbrengs (ROI) te kry.

# 'N ONTLEDING VAN DIE EIENDOMSMARK IN TWEE HOOFFASES

## Aanvanklike sifting in fase 1

Om jou aandag op die mees belowende gebiede te vestig, is die aanvanklike opname van 'n eiendomsmarknavorsing ontwerp om ongeskikte markte vinnig uit te filter. As jy 'n paar gedoen het, kan hierdie stap in net 10 minute voltooi word. Ek het my aanvanklike keuse vir hierdie oefening verklein tot drie "snaarbrekers".

## databronne

Die persoon wat die eiendom verkoop moet 'n gereed rekening

verskaf wat huurinkomste en netto kontantvloei na uitgawes uiteensit. Jy kan Zillow.com gebruik om behuisingskoste en huurgeld in die area wat jy wil koop na te vors om seker te maak die inligting is korrek. Kontroleer die verskaffernommers vir korrektheid.

## Effektiewe eiendomsbestuur

Oor die algemeen beveel ek aan dat beleggers ten minste twee betroubare eiendomsbestuurders in enige mark vind, aangesien swak eiendomsbestuur die nommer een oorsaak van 'n mislukte eiendomsbelegging is. Op hierdie manier weet jy waarheen om te gaan as die eerste stap om een of ander rede nie werk nie.

Eerder as om 'n klein familieonderneming te wees wat van die huis af werk, moet die eiendomsbestuursmaatskappy 'n betroubare maatskappy wees. Daar moet 'n "sterk groep" bestuurders, verhuringsagente, handelaars, ens. wees om te verseker dat diens nie deur afwesigheid of personeelomset geraak word nie.

Die huur van twee wêreldklas eiendomsbestuursmaatskappye kan klein stedelike gebiede werklik red. In 'n metropolitaanse gebied van minder as 100 000 inwoners is dit 'n uitdaging om 'n betroubare eiendomsbestuursmaatskappy te vind, wat nog te sê twee.

### databronne

Jy moet die eiendomsbestuurder opsoek wat deur die eienaar aanbeveel word om te sien of dit goed by jou pas. Jy kan: 'n tweede (alternatiewe) administrateur vind:

Bekyk resensies deur "eiendomsbestuur" en "stadnaam" op Yelp.com te soek. Fokus op eienaarresensies eerder as kwaad huurders. Besoek Meetup.com en soek na plaaslike eiendomsbeleggingsgroepe waar die eiendom geleë is. E-pos 'n borgskapversoek aan die vergaderingorganiseerder.

## Wat beteken "due diligence" in 'n eiendomskonteks?

Eenvoudig gestel, omsigtigheid behels die insameling van inligting oor die fisiese, finansiële en geografiese toestand van die eiendom. Die frase "doen jou huiswerk" voor jy bie en nadat jou kontrak goedgekeur is, is 'n goeie manier om omsigtigheid te beskryf.

## Wat is omsigtigheidsondersoek vir 'n verkoper?

Deur hul eie navorsing voor die koper te doen, maak dit makliker vir 'n verkoper om te identifiseer wat hulle glo opgelos, reggestel of aangespreek moet word, en gee hulle genoeg tyd om daardie bekommernisse so doeltreffend moontlik aan te spreek. . Met ander woorde, die handelaar kan besluit en beheer watter kaarte uitgedeel word.

## Wat is die belastinggevolge van 'n belegging in vaste eiendom?

Waardevermindering is 'n belastingaftrekbare uitgawe vir eiendomsbeleggers wat inkomste-produserende huureiendomme besit. Gevolglik het jy waarskynlik 'n laer belastinglas en 'n laer belasbare inkomste.

## Hoe kan ek vermy om belasting op my huureiendom te betaal?

U kan vermy om hierdie belasting te betaal deur die belastingkoers of 'n uitgestelde 1031-rekening te gebruik. Jy kan ook deur 'n pensioenrekening belê of jou huurhuis jou permanente tuiste maak. Om te verhoed dat jy geld verloor ná 'n eiendomsbelegging , onthou om altyd jou eiendom te verseker.

## Wat word beskou as beleggingseiendom in die oë van die IRS?

Eiendom word oor die algemeen as 'n belegging beskou wanneer dit vir 'n wins verkry word en nie vir jou persoonlike huis en dié van jou gesin nie.

Dit is van kritieke belang dat jy die uittreestrategie kies wat die beste vir jou werk wanneer jy in vaste eiendom belê, aangesien daar verskeie opsies is om te oorweeg.

**Jou keuse word deur 'n aantal veranderlikes beïnvloed, insluitend:**

- Jou aandeelhouerstatus
- Jou skuldbystand
- Jou korttermyn beleggingsdoelwitte
- Jou langtermyn finansiële doelwitte
- Jou vermoë om risiko's as 'n belegging te neem.

Stel jou doelwitte, leer jouself, kies 'n beleggingstrategie, skep 'n finansiële plan, bekom finansiering, evalueer eiendomme, verstaan batetoewysing en kies eiendomsbestuur as die eerste stap in die bou van 'n eiendomsportefeulje.

Om 'n sterk span te bou, waarde te soek, na nuwe gebiede uit te brei, eiendomsbestuur te optimaliseer, en vennootskappe en vakbonde te oorweeg, is 'n paar wenke om jou eiendomsportefeulje te laat groei.

## Hoe om jou eiendomsportefeulje te begin

Die doel van 'n eiendomsportefeulje is om verskeie eiendomsbates saam te gebruik om 'n finansiële doelwit te bereik. Eiendomsbeleggers behoort alle aspekte van eiendomsbelegging ten volle te verstaan voordat hulle 'n eiendomsportefeulje bou, hoewel dit voordelig kan wees.

## Organiseer jou doelwitte.

Om doelwitte te stel is die eerste stap om 'n suksesvolle besigheid te begin. Jou persoonlike, finansiële en beleggingsdoelwitte is belangrik en bepaal die pad wat jy loop. Jy kan 'n plan skep om jou doelwitte te bereik en ingeligte finansiële besluite te neem deur duidelike doelwitte te stel. Hierdie plan is noodsaaklik vir die bestuur van die uitbreiding van jou eiendomsportefeulje.

## Kies 'n bestedingstrategie.

Sodra jy vertroud is met die eiendomsmark, kan jy begin dink oor die tipe eiendomsbeleggingstrategie wat jy wil gebruik. Dit is aan jou om te besluit of jy in residensiële eiendom, kommersiële eiendom of 'n kombinasie van hierdie drie tipes eiendom wil belê. Oorweeg of jy daarop wil fokus om in huureiendomme te belê om inkomste te genereer of om herstel- en beleggingsgeleenthede na te streef. Hierdie besluite beïnvloed die res van jou portefeuljekonstruksie.

## huise oorweeg

Jy moet jou eiendomsoektog begin nadat jy jou finansieringsopsies ondersoek het en 'n oplossing gevind het. Jy moet begin met uitgebreide marknavorsing om woonbuurte en huise te identifiseer wat aan jou doelwitte voldoen. Jy kan dan elke eiendom evalueer en dan jou omsigtigheidsondersoek doen. Die sleutel is om eiendomme te kies wat jou eiendomsbeleggingstrategie sal ondersteun en jou sal help om jou finansiële doelwitte te bereik.

Kom ons sê jou doel is om 'n gediversifiseerde portefeulje van huur- en huisverbeteringseiendomme op te bou wat jy kan verhuur. Jy sal dalk wil begin soek na 'n huureenheid met betroubare langtermynhuurders voordat jy begin met herstelwerk en opknappings sodat jy dit aan die gang kan kry.

## Hoe om die risiko van belegging in vaste eiendom te verminder?

Jy kan jou risiko verminder deur jou eiendomsbeleggings te diversifiseer. Byvoorbeeld, as al jou eiendomme geleë is in 'n gebied wat geneig is tot natuurrampe of hoë markonbestendigheid, sal jou hele portefeulje op een slag vernietig word. Ontdek die verskillende state en plekke waar belegging sin maak.

## Wat is die gevare verbonde aan 'n belegging in vaste eiendom?

Alhoewel belegging in vaste eiendom winsgewend kan wees, is dit belangrik om bewus te wees van die slaggate. Sleutelrisiko's sluit in swak liggings, swak kontantvloei, hoë leegstaansyfers en moeilike huurders. Die onvoorspelbaarheid van die eiendomsmark, latente strukturele probleme en gebrek aan likiditeit is ander gevare om in ag te neem.

## Lekker lees

www.ingramcontent.com/pod-product-compliance
Lightning Source LLC
Chambersburg PA
CBHW071003260726